Couvertures supérieure et inférieure
manquantes

LE

QUARTIER MARBEUF

RÉPONSE

A UN

COMMUNIQUÉ PRÉFECTORAL

PARIS

CHEZ L'AUTEUR

RUE DE L'ABBAYE-SAINT-GERMAIN, 16

—

1864

AVANT-PROPOS

La *Gazette de France* avait publié, à d'assez longs intervalles, quatre articles sur le projet de création de tout un réseau de rues et de boulevards à travers le quartier Marbeuf, lorsqu'elle reçut le *communiqué* suivant :

La *Gazette de France*, dans ses numéros des 27 août et 10 décembre 1863, a consacré deux articles à la critique du projet de continuation de la rue François Ier jusqu'à l'avenue de l'Alma, projet dont l'exécution a été, après l'enquête prescrite par la loi, déclarée d'utilité publique par un décret impérial en date du 4 mai 1861. Communiqué.

L'auteur de ces articles a signalé les inconvénients qui doivent, suivant lui, résulter de l'exécution de ce projet pour les habitants du quartier Marbeuf.

Quoique cette critique tardive d'un projet mis à l'enquête et définitivement approuvé, il y a près de six ans, contînt des inexactitudes qui dénotaient une connaissance très imparfaite des détails du projet et des moyens d'exécution, l'administration n'a pas cru devoir les relever. La critique est tardive.

Mais, dans un article inséré le 4 mars, et faisant suite à un troisième article publié le 25 décembre, la *Gazette de France*, s'occupant spécialement de l'avenue de l'Alma et de l'avenue Joséphine, dont l'entreprise a été concédée à une compagnie, en vertu d'une délibération du conseil municipal en date du 23 octobre 1863, et d'un décret rendu en conseil d'État le 27 janvier 1864, se livre à des attaques tellement malveillantes envers l'administration municipale, qu'une réponse devient nécessaire.

Elle sera précise et catégorique.

1° Il n'est pas vrai, ainsi que le dit la *Gazette de France*, que la compagnie concessionnaire ait acquis, il y a six ans, au prix de 30 fr. le mètre, payables à la fin de l'expropriation, 60,000 mètres de terrain dans le quartier dont il s'agit ;

2° Il n'est pas vrai que ladite compagnie ait réalisé aucune acquisition amiable, sur le parcours des voies nouvelles, avant l'approbation de son traité par le conseil municipal, qui a eu lieu le 23 octobre 1863 ; Quatre démentis prétendus catégoriques.

3° Il n'est pas vrai que 42,000 mètres resteraient à la compagnie, après les expropriations ; c'est à peine s'il en restera le tiers, et encore comprend-on dans cette appréciation une superficie de 9,600 mètres achetés par la ville, que la compagnie s'est engagée à reprendre comme condition de son marché ;

4° Enfin, le prix de 400 fr. le mètre que la *Gazette de France* attribue aux terrains qui resteront en bordure des voies nouvelles après l'expropriation est énormément exagéré. Aujourd'hui, dans les parties ouvertes de l'avenue de l'Alma et de l'avenue Joséphine, on trouve beaucoup de terrains mis en vente au prix de 140 fr. et les acquéreurs font défaut.

En terminant ces rectifications, il convient de relever la contradiction dans laquelle est tombée la *Gazette de France*, et qui consiste à s'apitoyer, d'une part, sur le sort des expropriés, livrés, dit-on, à la cupidité d'une compagnie, et à leur dire, d'autre part : « Ayez confiance ; s'il y a des juges à Berlin, « les jurés décident à Paris, et croyez en eux. »

Si les intérêts des expropriés sont sauvegardés par l'intervention du jury, il est inexact de les représenter comme livrés en victime à la spéculation.

La vérité, c'est que les compagnies qui ont traité avec la ville pour l'ouverture de certaines voies nouvelles, ne sont pas des associations de spéculateurs de terrains, mais d'entrepreneurs de constructions. La condition essentielle des traités de ce genre, dont la *Gazette de France* ne parle pas, et qui justifie la ville de les accepter, quand on les lui propose dans des conditions convenables, c'est l'obligation de bâtir ou faire bâtir les terrains en bordure, dans un délai déterminé. Dans les cas où la ville opère elle-même l'ouverture de voies nouvelles, surtout dans les quartiers éloignés du centre de Paris, elle n'a pas la certitude de trouver des acquéreurs à cette condition pour tous les terrains à revendre.

La compagnie dont la *Gazette de France* critique le marché, sans en connaître les termes, est placée sous la direction d'un entrepreneur de constructions à qui la ville doit l'édification des maisons de la rue du Cirque, puis de la portion de l'avenue des Champs-Elysées qui s'étend de la rue du Chemin-de-Versailles à la place de l'Etoile, et, enfin, des parties ouvertes de l'avenue Joséphine. La ville avait donc la garantie morale de ces précédents, à côté des stipulations du traité même, en faveur de la concession qu'on lui demandait.

7 mars 1864.

(note marginale : La Gazette ne parle pas de l'obligation de construire.)

(note marginale : Réponse.)

A ce *communiqué* il fut fait la réponse que nous allons transcrire.

Nous ne pouvons répondre longuement dans la *Gazette* au *communiqué* que nous avons reçu hier. Nous nous bornerons à placer sous les yeux de nos lecteurs notre propre texte en face des démentis catégoriques qui nous ont été signifiés :

« 1° Il n'est pas vrai, ainsi que le dit la *Gazette de France*, que la compa- » gnie concessionnaire ait acquis, il y a six ans, au prix de 30 francs le mètre, » payables à la fin de l'expropriation, 60,000 mille mètres de terrain dans le » quartier dont il s'agit. »

La *Gazette* avait dit :

« Le plan de l'enquête, avec ses diverses teintes et les notions que nous avons pu recueillir, nous indique que la ville, ou plutôt la compagnie, possède, tant sur le boulevard de l'Alma qu'aux alentours, une superficie de 60,000 mètres environ. »

Dans les limites de notre affirmation, le chiffre de 60,000 mètres peut être parfaitement maintenu ; mais où a-t-on jamais vu que la *Gazette* ait dit qu'il y a six ans la Compagnie avait acquis 60,000 mètres de terrain à 30 fr. le mètre, puisque la Compagnie a à peine quatre mois d'existence ?

La *Gazette* le dit si peu, qu'elle s'exprimait ainsi, à propos de la moyenne des prix :

« Nous savons, de science certaine, qu'il y a six ans, en vue des expropriations futures ON a traité au prix de 30 fr. le mètre, payables au jour où se réaliserait l'expropriation.

» Ces terrains, assez considérables, sont situés à peu près vers la moitié du parcours de l'avenue des Champs-Elysées au pont de l'Alma ; ils valaient sans doute une somme moindre à cette époque, puisqu'ils étaient vendus *fin expropriation*, et cet aléa était de nature à peser sur la spéculation. »

On n'a jamais été le synonyme de *compagnie.*

Le vendeur et l'acheteur sont faciles à nommer, tout le monde les connaît.

Et la *Gazette* ajoutait :

Nous ne voulons être rigoureux en rien ; nous ne dirons donc pas au lecteur : « Prenez votre crayon, voilà la moyenne du prix d'acquisition des 60,000 mètres de terrain de la Compagnie, calculez maintenant d'après la valeur actuelle ; » mais seulement : « Pesez ce chiffre et ajoutez-y ce que vous trouverez convenable, afin de le rendre aussi lourd que possible. »

« 2° Il n'est pas vrai que ladite Compagnie ait réalisé aucune acquisition » amiable, sur le parcours des voies nouvelles, avant l'approbation de son » traité par le conseil municipal, qui a eu lieu le 23 octobre 1863. »

On chercherait en vain dans la *Gazette de France* une seule ligne qui puisse avoir motivé ce démenti. Il est tellement évident que la Compagnie n'a pu réaliser d'acquisitions avant l'approbation de son traité, qu'émettre une pareille assertion aurait été se démentir soi-même, mais nous n'avons pas même parlé de marchés provisoires antérieurs,

« 3° Il n'est pas vrai que 42,000 mètres resteraient à la Compagnie, après » les expropriations ; c'est à peine s'il en restera le tiers, et encore com- » prend-on dans cette appréciation une superficie de 9,600 mètres achetés » par la ville, que la Compagnie s'est engagée à reprendre comme condi- » tion de son marché. »

C'est parce que la Compagnie s'est engagée à reprendre, comme condition de son marché, les terrains acquis par la ville que nous évaluons à 42,000 mètres environ ce qui restera.

On nous en accorde le tiers, c'est un compte à faire et il sera fait par les intéressés.

« 4° Enfin, le prix de 400 fr. le mètre que la *Gazette de France* attribue » aux terrains qui resteront en bordure des voies nouvelles, après l'expro- » priation, est énormément exagéré. »

Où a-t-on vu que la *Gazette de France* ait attribué un prix quelconque aux terrains qui resteront en bordure après l'expropriation ? Est-ce dans cette phrase la seule où le nombre 400 se trouve inscrit ?

« Si le jury décide, par exemple, que les terrains à exproprier valent en moyenne 400 fr. le mètre, il décide par le fait que ceux de la compagnie auront la même valeur. »

On peut remplacer ce nombre aussi bien par le nombre 200 ou 600 sans changer le moins du monde le sens et la portée de la phrase.

D'ailleurs, ce chiffre de 400 fr. ne nous semble pas tellement exagéré qu'il ne puisse être défendu. C'est encore un compte à faire, et la *Gazette* a eu bien soin de dire :

Si nos chiffres manquent d'exactitude, que la Compagnie donne les siens. « Si ce vague quasi algébrique déplaît à la Compagnie, *qu'elle nous donne ses chiffres ;* nous les contrôlerons, et nous prenons de nouveau l'engagement, qu'à notre défaut tout lecteur intelligent trouverait facile à remplir, de démontrer qu'il sera plus que rond le total constituant le bénéfice de l'opération en vue de laquelle la Compagnie s'est constituée. »

Si des démentis catégoriques nous passons aux assertions, voici ce que nous lisons :

« 5° La condition essentielle des traités de ce genre, dont la *Gazette de
» France* ne parle pas, et qui justifie la ville de les accepter, quand on les
» lui propose dans des conditions convenables, c'est l'obligation de bâtir ou
» de faire bâtir les terrains en bordure, dans un délai déterminé.

Et cependant, dans le dernier article visé par le *communiqué*, la *Gazette*, a écrit :

La *Gazette* a parlé de l'obligation de construire. « Les terrains seront vendus avec la condition d'y construire des immeubles, ou ils seront utilisés dans ce but par la Compagnie elle-même, qui, dans ce cas encore, trouvera une nouvelle source de bénéfices ; et, en revendant ses maisons, elle aura soin, nous ne saurions en douter un seul instant, de rentrer dans les frais de viabilité inhérents à chacun de ces immeubles. »

Cette réponse ne laisse rien à désirer. Toutefois l'auteur des articles publiés dans la *Gazette de France* aurait pu ajouter, pour faire justice de l'accusation de critique tardive formulée contre ces articles par le *communiqué*, que c'est la révélation du projet de l'édilité parisienne qui a été tardive, puisqu'elle n'a été faite que lors de la *dernière enquête*, fort indirectement encore, et *seulement* par la vue d'un fameux pilastre, dont il sera plusieurs fois question plus tard, qui a été élevé **La critique n'a pas été tardive, et la loi a été violée.** sans crier gare, à la rencontre de la rue François Ier et de l'avenue Marbeuf. Aucune des enquêtes antérieures, en effet, *contrairement aux prescriptions formelles de la loi,* n'avait donné les côtes de nivellement. Elles n'avait donc pu être critiquées plutôt ; mais elle avait seulement à cœur de repousser les insinuations erronées et les reproches injustes que l'administration municipale a adressés à son travail. Elle prouve qu'il n'avait pas formulé de reproche qui ne fût fondé, émis un fait dont l'incertitude ne pût être l'objet d'un doute sérieux, présenté un calcul qui ne défiât toute réfutation. Cependant cette justification lui a paru insuffisante. Il ne s'était pas livré à l'examen approfondi des plans de transformation du quartier Marbeuf pour l'unique plaisir de critiquer l'édilité parisienne, d'irriter sa susceptibilité, que chacun sait être excessive, de provoquer une de ces polémiques qui semblent lui complaire, et qu'elle pratique d'autant plus volontiers, au moindre prétexte, que d'ordinaire elle voit ses rectifications acceptées sans conteste par les journaux, alors même qu'il leur serait facile de les repousser et de les réfuter. *Nécessité d'une réponse plus complète.*

Le but qu'il s'était proposé était celui de démontrer que les projets de boulevards et de rues qui doivent sillonner le quartier Marbeuf laissaient beaucoup à désirer, et ne donnaient à l'intérêt général une sorte de satisfaction qu'au préjudice du quartier que ces rues et ces boulevards doivent traverser dans tous les sens. Ce sont les justes griefs des propriétaires, dont les immeubles seront notablement dépréciés par les percements projetés, qu'il avait entrepris d'exposer ; c'est surtout le dommage qui sera causé à ces immeubles par le mode de percement adopté qu'il tenait à établir. Il ne lui importait que très secondairement d'avoir victorieusement repoussé les reproches de détail que l'administration préfectorale s'était crue autorisée à lui adresser. Du moment que l'administration maintenait les tracés exposés dans le projet d'enquête, ainsi que leur mise à exécution, lui ne pouvait que maintenir, en les corroborant, les observations qu'il avait précédemment exposées. L'argument le plus triomphant à opposer au *communiqué* était donc de reproduire les articles mis en cause par ce *communiqué*. Aussi les reproduit-il ici, sans y rien changer au fond, se bornant à y introduire quelques modifications de forme.

I

Paris nouveau

M. Hausmann, en prenant possession de la préfecture de la Seine, se donna la mission de démolir Paris, afin d'avoir la gloire de le rebâtir à nouveau. Aiguillonné par la merveilleuse description que trace Hérodote de Thèbes l'égyptienne, la ville aux cent portes, aux milliers d'avenues bordées de sphinx, il ambitionna d'élargir nos rues, même celles qui étaient suffisamment larges, d'en créer de nouvelles plus larges encore et de multiplier à l'infini les boulevards. Paris était sinueusement pittoresque; il se proposa de le sillonner dans tous les sens de voies tirées au cordeau. Paris avait le défaut d'être varié, d'être découpé en quartiers, qui possédaient chacun leur physionomie particulière ; il entreprit courageusement de lui donner la monotone élégance d'un damier, composé de lignes droites, coupées à angles droits.

Loin de nous, la pensée de médire de l'œuvre grandiose de régénération que M. Haussmann a entreprise. Elle l'a été avec tant d'ardeur et une si forte résolution, qu'en dix ans le Paris d'autrefois a presque en entier disparu pour faire place à un Paris moderne, moins artistique, mais plus approprié à nos mœurs et à nos goûts. Le vide s'est fait là où les maisons se pressaient tumultueusement les unes contre les autres; on peut aujourd'hui circuler plus à l'aise, et les Parisiens sont si affairés par nature et par besoin, qu'ils prisent fort la facilité de locomotion qui leur a été procurée. Chaque quartier abattu ou émondé, chaque rue élargie, chaque boulevard percé, s'est traduit sans doute en une augmentation de loyers, a donné lieu à un renchérissement de toutes choses. Qu'importe ? Paris est devenu, grâce à cette transformation, le caravansérail du monde entier, — ne l'était-il pas déjà ? — et nous ne saurions payer trop cher l'honneur de cet hébergement universel.

D'ailleurs, on ne saurait le nier, il y avait quelque chose à faire, surtout au cœur de Paris. Il existait là des entassements de vieilles habitations, à peine séparées l'une de l'autre par des ruelles où le jour pénétrait à peine, où le soleil ne pénétrait jamais. Quoique ces îlots moisis par le temps rappelassent de curieux et d'intéressants souvenirs, nous les avons vu tomber, sans trop de regrets, sous la pioche des démolisseurs. Nous reconnaissons également qu'il était utile, nécessaire, d'ouvrir des communications plus commodes, rayonnant de tous les points de la circonférence vers le centre. Le point de départ des immenses travaux accomplis, en quelques années, a donc été louable, et volontiers nous accorderons même que la plupart des transformations entreprises successivement, si elles ne sont pas d'une utilité indispensable, ont du moins une utilité relative, en ce qu'elles facilitent la circulation de quartier à quartier et donnent à tous les quartiers, même aux plus pauvres, des dehors d'aristocratie financière en no peut plus en harmonie avec nos orgueilleuses aspirations démocratiques.

Pour s'en convaincre, on n'a qu'à parcourir une voie nouvelle, — et les voies nouvelles sont toutes faites à l'image l'une de l'autre, ce qui est déjà un premier hommage rendu à la sainte égalité. — Elles se ressemblent par la monomanie qu'elles possèdent à un égal degré, de s'inspirer de cet axiome géométrique : « La ligne droite est le plus court chemin d'un point à un autre; » et elle se ressemblent surtout par les façades de leurs maisons neuves, découpées au même emporte-pièces, construites d'après le même modèle massif et trappu, sur les dessins d'une architecture surchargée d'ornements disparates, qui a adopté, paraît-il, pour devise le mot de Molière : « Quand on prend du galon, on n'en saurait trop prendre. » Il était du reste impossible qu'il n'en fût pas ainsi. Étant donnée l'époque actuelle, les mœurs présentes, certains projets qu'on voulait accomplir, en donnant le change sur le but qu'on se proposait d'atteindre, le Paris nouveau no pouvait être que ce qu'il est devenu.

Et, encore une fois, nous n'aurions rien à objecter à ce qui s'est fait, s'il n'avait été fait au delà de ce qu'il était utile de faire, et si surtout, ce qui a été accompli ne servait d'amorce à des démolitions sans trêve, à des bouleversements sans fin. Mais l'appétit vient en mangeant, dit le proverbe; et sous prétexte, — d'après un autre proverbe, — qu'il ne s'agit que de commencer, la préfecture de la Seine semble avoir résolu de ne jamais en finir. Au train dont elle y va, nous la verrons prochainement, lorsque les vieilles maisons lui feront défaut, — et par vieilles maisons, il faut entendre celles qui sont antérieures à l'année 1852, — abattre le lendemain celles qui auront été édifiées la veille, sur ses plans et sous ses inspirations.

Déjà même, c'est un spectacle qu'elle nous a assez souvent offert, un peu partout, et il n'est pas rare qu'après avoir décrété un alignement de rue ou un percement de boulevard, elle se soit donné la satisfaction de changer d'avis, uniquement peut-être pour se procurer le plaisir de faire rebâtir trois mètres à gauche, ce qui avait été bâti trois mètres à droite ; car elle n'est persistante que dans sa détermination de tout bouleverser, et afin de ne pas y manquer, elle bouleverse ici et là plutôt deux fois qu'une.

Les débuts furent toutefois relativement modestes. Il s'agissait d'abord de pratiquer de larges trouées dans ce labyrinthe inextricable, — quartier général de toutes les insurrections parisiennes, — que nous avait légué l'antique Lutèce, de lui donner l'air qui lui manquait, de détruire les refuges qu'il offrait à l'émeute. Il s'agissait, par suite, de dégager l'Hôtel de Ville, de le mettre à l'abri d'un coup de main, en l'isolant et en le plaçant sous la protection de deux casernes monumentales; de percer enfin une grande voie stratégique qui le reliât à la grande place d'armes du Carrousel, et formât, en se rattachant aux extrémités est et ouest des boulevards intérieurs, un anneau concentrique étreignant Paris au cœur, comprimant au besoin ses pulsations, si elles venaient à se faire de nouveau trop turbulentes.

Hygiène politique et matérielle. Blâme qui voudra ces précautions d'hygiène politique, qui nous ont valu : la rue Rivoli, dont on aurait mauvaise grâce de médire; puis encore le boulevard Sébastopol, un immense cours qui ressemble à une fourmillière humaine; puis enfin, le square Saint-Jacques-la-Boucherie, où l'ombrage et la verdure remplacent un ancien marché aux haillons; un pont au Change refait à neuf, afin de le rebâtir un peu plus en faux équerre qu'il n'était déjà, sans oublier deux grands théâtres, ses proches voisins, qu'on prendrait pour de colossaux sarcophages empruntés à quelque antique Père-Lachaise dramatique. Pour que l'illusion soit complète, il ne manque que la rangée traditionnelle de cyprès cunéiformes, avantageusement remplacés, du reste, par de longues files de colonnettes en fuseau que surmontent des lanternes à gaz.

Ce nouveau quartier manque de distinction, comme tous les quartiers nouveaux dont il a été en quelque sorte l'étalon; il est plus bélâtre que beau, plus richement bourgeois qu'élégamment artistique; mais on y circule à l'aise, et que peut-on demander de plus dans un siècle doué d'assez de bon sens pour estimer surtout ce qui est utile et commode?

Découverte d'une nouvelle loi économique. Ce premier pas dans la voie des transformations parisiennes fut d'ailleurs une révélation: il fit découvrir une loi économique inconnue jusqu'à ce jour. Nos aïeux, à l'esprit routinier, s'imaginaient que lorsqu'on possède une maison, on doit la réparer et l'entretenir, afin de la conserver le plus longtemps possible, si l'on ne veut pas, en la rebâtissant, augmenter le prix qu'elle coûte, sans augmenter le revenu qu'elle peut rapporter. Ils ne s'étaient pas encore doutés, en un mot, que pour lui donner une valeur plus grande, il fallait la démolir et la rééditier à grands frais. Mais aujourd'hui on a changé tout cela, et c'est à M. le préfet de la Seine que nous sommes redevables de cette importante découverte.

M. le préfet de la Seine s'est aperçu que si l'on était jadis parcimonieux à l'excès de terrain pour les voies publiques, on en était prodigue ailleurs ; que les maisons d'autrefois avaient de vastes cours sur le devant, presque toujours des cours non moins vastes sur les côtés et aussi sur les derrières, celles-ci décorées du nom de jardins. « Que de terrain perdu ! » s'écria-t-il alors ; et c'est en prenant pour point de départ cette exclamation parcimonieuse qu'il se met résolûment à l'œuvre.

Il en est résulté que le système d'expropriation en masse, qui pouvait être ruineux pour les finances de la ville, à cause des indemnités qu'il nécessite, les a enrichies, — en apparence, — en même temps qu'il a réellement enrichi les industriels qui se sont faits ses auxiliaires. On comprendra sans peine qu'il ne pouvait en être autrement, quand on saura qu'à partir de ce moment les maisons ont cessé d'avoir une valeur à elles, et que leur valeur s'est désormais mesurée à l'étendue du terrain qu'elles couvrent. On les a donc expropriées pour avoir du terrain, encore du terrain, toujours du terrain, dont le prix est allé, par suite, en augmentant d'heure en heure. Plus il a été sacrifié de terrain pour percer des rues nouvelles, plus le terrain qui restait a acquis une nouvelle plus-value. C'est qu'en perçant des rues qui n'existaient pas, en traçant des boulevards à travers des quartiers compactes, il a été créé autant de façades que ces rues et ces boulevards mesuraient de parcours.

Créer des façades, multiplier les façades, voilà, en effet, le mot de l'énigme posé par le sphinx de l'expropriation publique, et que M. le préfet de la Seine a été le premier à deviner. Une fois en possession de ce secret, et les compagnies immobilières aidant, il n'a plus connu d'obstacles. Pareil au char de Brahma, qui, les jours de fêtes, à Jagrenath, écrase les passants qu'il rencontre sur son parcours, en leur promettant de les rajeunir, il se mit aussitôt à promener Paris dans tous les sens, déblayant, remblayant, nivelant, éventrant, abattant d'une main infatigable tout ce qu'il rencontrait devant lui, accomplissant une Saint-Barthélemy impitoyable de maisons, d'hôtels, de jardins. Tous les quartiers portent la trace de ses exploits, sur la rive droite comme sur la rive gauche, sur la rive droite principalement, qui est l'objet de ses prédilections, parce que le mètre de terrain s'y vend plus cher, et parce que les façades y sont estimées à plus haut prix. Un seul quartier avait été jusqu'ici laissé à l'écart : le quartier Marbeuf, et voici que ce quartier, qui attendait peut-être, non sans quelque impatience, qu'un regard préfectoral tombât sur lui, est aujourd'hui réduit à regretter une marque d'attention qu'il désirait naguère.

Puissance de la façade.

II

Plan général de transformation

A plusieurs reprises, depuis quelques années, la préfecture de la Seine avait fait, de loin en loin, quelques vagues promesses de bon vouloir au quartier Marbeuf; elle lui avait, par intervalles, donné à entendre qu'elle s'occupait de lui aussi, dans sa sollicitude égale pour tous; elle lui avait fait espérer, dans un avenir plus ou moins prochain, qu'il finirait par avoir sa part des munificences nouvelles. Mais les jours succédaient aux jours, les projets aux projets, les enquêtes aux enquêtes, celles-ci n'aboutissant jamais à aucun résultat, parce qu'elles portaient sur des projets qui se contredisaient l'un l'autre, sur des plans dressés le lendemain à l'inverse de ceux de la veille, avec une fertilité d'imagination et une mobilité d'invention à dépasser les caprices de la plus changeante de nos coquettes. Cependant le quartier Marbeuf a tout ce qu'il faut pour donner carrière au génie de transformation que possède à un si haut degré notre édilité parisienne. Il ne se trouve là que deux ou trois rues, dont les maisons et les hôtels s'abritent la plupart à l'ombre de vastes jardins qui offrent un attrait irrésistible à la spéculation du bâtiment, si florissante depuis quelques années. Les trois cents et quelques mille mètres de surface qui forment son périmètre, habilement découpés en boulevards, jalonnés de rues transversales, promettaient des milliers, encore des milliers de mètres de façades nouvelles, et nous avons dit à quel prix élevé les façades sont cotées, depuis qu'on s'est mis à démolir avec tant d'ardeur les façades anciennes. Cependant le quartier Marbeuf, comme sœur Anne, ne voyait rien venir. Vainement cette oasis calme et silencieuse, mécontente de son sort paisible, était-elle désireuse de métamorphoser ses jardins en rues et en boulevards, de s'asseoir, en un mot, à son tour, au festin des transformations parisiennes : elle n'assistait que de loin à ce festin, comme Tantale, sans jamais en prendre sa part.

Enfin, la nouvelle se répandit que son attente serait bientôt satisfaite. Les projets étaient déjà arrêtés, les plans dressés d'une façon définitive, disait-on, et le travail d'ensemble venait d'être déposé à la mairie du 8e arrondissement, avec promesse formelle de lui donner une prompte exécution, aussitôt après la clôture de l'enquête. C'est au mois d'août de l'année 1863 que ce dépôt fut effectué, avec invitation aux propriétaires des immeubles qui se trouvaient atteints de fournir leurs observations, — dont il devait être tenu compte aussi peu que possible, ainsi que cela se pratique d'ordinaire.—Cette enquête était la quatrième, depuis sept ans, et il est à remarquer que les propriétaires étaient mis en demeure de formuler, dans le court espace de huit jours, leur avis, précisément à une époque où la plupart d'entre eux jouissaient des douceurs de la villégiature, dans leurs terres ou aux bains de mer, ce qui permettait d'espérer qu'ils seraient sobres de protestations, par la raison qu'il n'est pas facile de s'inscrire pour ou contre un projet qu'on ignore.

A vrai dire, l'administration de la ville de Paris n'est pas tenue de se mettre aux ordres de ses administrés et de consulter leurs convenances. Quand on n'a que de bonnes améliorations à proposer, on ne peut pas encourir le reproche de se faire beau jeu, en choisissant son temps et son heure. Toute heure est propice, d'autant que les projets énumérés dans le plan municipal étaient de ceux qui n'avaient à craindre d'opposition que de la part des propriétaires dont ils lésaient les intérêts, et ces propriétaires forment à peine la majorité de ceux qui sont atteints, de près ou de loin, par les percements projetés ; encore fallait-il supposer qu'ils seraient assez peu endurants pour se plaindre.

Et c'est là ce qu'ils firent après examen. La vue des plans déposés à la mairie du premier arrondissement leur donna la conviction que s'ils étaient exécutés tels qu'ils avaient été conçus, ce serait à leurs dépens que les embellissements parisiens recevraient chez eux un nouvel accroissement. Les plans attestaient que de beaux boulevards et de belles rues s'ajouteraient ici aux belles rues et aux beaux boulevards déjà existants dans Paris; mais ils prouvaient aussi que le quartier Marbeuf était sacrifié à leur création, et quelque dévoués que puissent être au bien public les habitants de ce quartier, ils se croient en droit de désirer que leurs intérêts individuels ne soient pas entièrement sacrifiés à l'intérêt général.

Ils se permettent, notamment, de trouver déplaisante et préjudiciable la prétention qu'affiche la rue qui traversera perpendiculairement le quartier Marbeuf, de leur passer sur la tête. Cette façon cavalière de se frayer un chemin en forme de viaduc, en quelque sorte, par dessus tout un quartier, ne pourra que déprécier la valeur des immeubles qui le peuplent, et ceux qui possèdent ces immeubles ne seraient pas fâchés d'échapper au préjudice dont ils sont menacés. Pourquoi aussi sont-ils assez égoïstes pour ne pas comprendre que le malheur des uns fait le bonheur des autres? Si leurs intérêts sont quelque peu lésés, en revanche, les compagnies immobilières, qui ont soumissionné ou qui soumissionneront la construction des maisons en bordure sur les voies projetées, gagneront des millions, et tout le monde ne peut pas être invité à la fois à la noce.

Peut-être pourrait-on adresser encore de justes critiques à certaines prétentions que l'administration municipale élève çà et là par une interprétation quelque peu fantaisiste de la loi d'expropriation, partout où elle se livre au passe-temps des démolitions et des percements. Le numéro 107 de l'avenue des Champs-Elysées nous en offre un exemple. Dans le plan d'enquête déposé à la mairie du 8ᵉ arrondissement, la ville émettait la prétention d'exproprier, — ce qui est juste, — la portion de terrain nécessaire au passage du boulevard; mais ce qui n'est pas juste, ce nous semble, c'est que la ville de Paris prétendait se réserver également, en dedans de cette portion, un triangle de deux cents mètres environ, comprenant une partie de la cour et du bâtiment, dont la voie publique n'avait que faire. Il en est de même rue des Vignes. La propriété qui y occupe les numéros 1 et 3 n'était pas seulement mise en demeure de céder le terrain que doit occuper la rue projetée; on voulait lui prendre de plus deux petits triangles de cent mètres environ chacun, situés aux deux extrémités de la propriété. Pourquoi la voirie réclamait-elle ces fractions d'immeubles qui ne lui étaient pas nécessaires? Pourquoi s'arrêter là plutôt qu'ailleurs, du moment qu'elle cherchait à aller plus loin qu'il ne lui appartient? Pourquoi ne pas prendre un mètre en deçà ou au delà? La loi d'expropriation traite assez durement la propriété pour qu'on ne doive pas exagérer ses rigueurs. L'administration municipale est en droit de réclamer tout ce que l'utilité publique exige, quoique ces exigences soient souvent très tyranniques et plus qu'élastiques: *dura lex, sed lux*, et si dure que soit une loi, il faut savoir la subir. Mais si l'on s'incline devant les obligations préjudiciables ou gênantes qu'elle impose, il est bien permis d'invoquer en même temps les dispositions qui peuvent vous être favorables, et la ville de Paris ne devrait jamais s'exposer à donner lieu à des protestations qui peuvent l'amener devant le Conseil d'Etat. En cherchant à s'emparer subrepticement de parcelles de terrain dont elle n'a pas le droit de poursuivre légalement l'expropriation, elle peut faire supposer qu'elle travaille à exproprier à la fois pour son propre compte, afin de se procurer le terrain indispensable aux voies qu'elle veut ouvrir, et pour le compte des compagnies qu'elle traîne à sa suite; elle s'expose à ce qu'on dise qu'elle ne se fait pas scrupule de prendre aux propriétaires plus qu'ils ne sont obligés de lui céder, pour rendre service aux compagnies et régulariser les terrains qu'elles peuvent posséder attenant. Ignore-t-elle donc qu'il en est des administrations comme de la femme de César, qui ne devait même pas être soupçonnée?

Vétilles, dira-t-on, qu'amnistient amplement les boulevards qui traverseront dans tous les sens le quartier Marbeuf. Ce seront, en effet, de magnifiques voies, notamment, que les deux boulevards qui zèbreront en forme d'éventail la colline s'élevant des bords de la Seine jusqu'au plateau de l'Etoile. Le premier de ces boulevards, baptisé du nom de Joséphine, partira de la Pompe à feu, gravira ensuite d'un pied leste la hauteur qu'il a devant lui, et, après avoir enjambé par-dessus la barrière Sainte-Marie, ira faire sa jonction avec le boulevard de l'Impératrice, non loin de l'entrée du bois de Boulogne. Nous ne comprenons pas quelle pourra être son utilité comme voie de circulation; mais ce sera une avenue monumentale, et il importe que tout devienne monumental à Paris. Le deuxième boulevard sera non moins grandiose. Il est dit de l'Alma, parce qu'il aura son point de départ en face du pont de ce nom, du moins autant que cela peut être possible, quand on se regarde en faux équerre; car il est à remarquer que M. le préfet de la Seine, si passionné pour la ligne droite, n'obtient guère ses raccords qu'avec l'aide de lignes plus ou moins courbes.

Ce boulevard a été inventé, dit-on, pour permettre aux voitures armoriées du faubourg Saint-Germain d'aller promener autour du Lac, par une voie à elles, différente de la voie que suivent les voitures de la Chaussée-d'Antin, jusqu'à ce qu'elles atteignent toutes ce terrain mixte qui commence à l'Arc de triomphe, où elles auraient mauvaise grâce de ne pas se coudoyer, puisque le bois de Boulogne, depuis qu'il a été endimanché, appartient à tout le monde. On peut bien faire bande à part pour aller à la foire, mais sitôt qu'on y est arrivé, il faut se résigner à se perdre dans la foule. Et cette nécessité est si évidente, que les voitures armoriées du noble faubourg continueront probablement à la subir, comme d'habitude, à partir de la place de la Concorde. Elles n'aiment guère le changement et maintiennent autant que possible les antiques traditions. De tous temps, elles se sont rendues au Bois en traversant le pont Royal, et elle ne consentiront pas à se dépayser pour aller à la découverte du boulevard de l'Alma, d'autant qu'arrivées à son extrémité, elles trouveraient le plus souvent le passage barré par la file des voitures descendantes, et ne pourraient que très difficilement prendre place dans la file montante. On ne pense jamais à tout, et il paraît que M. le préfet de Seine n'a pas pensé à cela, ce qui ne diminue en rien le mérite de la gracieuseté qu'il voulait faire au faubourg Saint-Germain, les actes se mesurant à l'intention.

Nous applaudirons moins volontiers à la large rue qui doit servir de complément aux deux boulevards. Cette rue se montre par trop cruelle pour le quartier Marbeuf; elle le foule aux pieds, l'appauvrissant au lieu de l'enrichir, l'enlaidissant au lieu de l'embellir, lui fai enfin un sort des plus piteux. Mais elle traversera en ligne perp diculaire les terrains de l'hôtel d'Albe; elle servira de débouché a nt des Invalides, où il ne passe à peu près personne; et il est gran à Paris, dans certains quartiers, le nombre des rues nouvelles qui n'offrent pas autant d'avantages. Nous n'avons garde, cependant, de lancer contre elle un décret d'ostracisme, sachant que l'administration municipale se refuserait à le laisser exécuter. C'est bien assez que nous ayons à décrire les ravages qu'elle cause sur son passage. Ce travail d'Hercule, accompli par elle, diffère toutefois de celui qu'Hercule entreprit lorsqu'il nettoya l'étable d'Augias, puisque l'édilité semble s'être donné la mission de transformer le quartier Marbeuf en cloaque, sous prétexte de le faire participer aux embellissements prodigués à Paris.

III

La rue François Ier.

Quartier Marbeuf vu d'en haut.

Du haut des terrains parfaitement nivelés que nous aurons l'occasion de parcourir tout à l'heure, on aperçoit sous ses pieds, à une dizaine de mètres de profondeur, l'avenue et la rue Marbeuf. Tout le quartier traversé par ces deux voies, jusqu'à l'avenue Montaigne, que la rue François Ier franchit à niveau, est, pour ainsi dire, dans le sous-sol du Paris moderne créé par l'administration de la ville. Les trois cent mille mètres environ de terrain qu'il occupe dans le périmètre encadré par l'avenue des Champs-Élysées, la rue de Chaillot, la rue Bizet et l'avenue Montaigne, étaient placés depuis sept ans, sous le régime d'un imprévu aussi bizarre qu'incommode, qui immobilisait le présent, sans permettre même de soupçonner l'avenir. On savait que la préfecture de la Seine en méditait la transformation ; on voyait les enquêtes succéder aux enquêtes, les plans d'abord tracés remplacés par d'autres plans, les directions primitivement indiquées faisant place à de nouvelles directions. Il était toujours question d'une rue François Ier, mais elle devait avoir tantôt une direction, tantôt une autre. Passant d'une façon brutale à travers maisons et clôtures, on la voyait, en prenant pour base l'angle qui forme, avec le rond-point des Champs-Élysées, le commencement de l'avenue Montaigne, voltiger tour à tour de 264 mètres à 275 et à 280 mètres de ce point, si bien qu'on pouvait la croire atteinte d'une papillonne exagérée que le roi-chevalier, sous l'invocation duquel elle entend se placer, eût certainement désavouée lui-même, quelque papillon qu'il ait été. C'était se donner, comme on voit, les coudées franches. Une pareille escrime contre les propriétés qu'elle transpercera, rendait le jeu de l'administration préfectorale très difficile à suivre, et entrait presque dans la catégorie des bottes secrètes. Le propriétaire attaqué ne s'était pas plutôt mis en

Évolutions de la rue François Ier.

garde pour parer quarte, que la rue se présentait en tierce pour être ramassée au demi-cercle par une feinte nouvelle.

Cette métaphore n'a rien d'exagéré vis-à-vis des coups multiples dont la ville menace les trois cent et quelques mille mètres superficiels dont nous avons tracé plus haut le périmètre. Comme l'indique la dernière enquête, la rue François Ier traverse à niveau l'avenue Montaigne à 280 mètres du rond-point des Champs-Elysées. Alors cette rue commence à quitter le sol du quartier qu'elle doit aristocratiquement franchir, sans daigner mêler son existence à la sienne. D'un bond de 4 mètres 27 centimètres, elle saute par-dessus le passage Gautrin; elle avance, et du haut de son terre-plein le regard plonge de 4 mètres 41 centimètres sur la rue Marbeuf; puis, laissant l'avenue Marbeuf à 4 mètres 57 centimètres au-dessous d'elle, elle vient enfin fraterniser avec un sol digne du sien, et se trouve en plein niveau avec les terrains de l'ancien hôtel d'Albe, bien préparés pour la recevoir. Mais combien de morts et de blessés ne laisse-t-elle pas sur sa route? Et ces morts, comme ces blessés, nous les abandonnerons gisants, là où ils sont, pour nous occuper uniquement de l'aspect général du quartier après le passage de la trombe administrative, ne voulant en aucune façon nous faire le champion d'intérêts particuliers, quelque respectables qu'ils soient. Disons toutefois, auparavant, comment la rue François Ier se propose de gagner le plateau supérieur des terrains qui sont de niveau avec la rue de Chaillot, la chose en vaut la peine.

Si après avoir pris connaissance du projet administratif, voulant se faire sur le terrain une idée approximative de ce que sera la rue François Ier, on va se placer à son sommet, au point où elle débouchera sur le boulevard de l'Alma, afin de la mieux dominer du regard, du haut des terrains de l'hôtel d'Albe, qu'elle traverse en ligne droite, on aperçoit sous ses pieds, à une douzaine de mètres plus ou moins de profondeur, l'avenue et la rue Marbeuf. A partir de cette élévation à pic, jusqu'à l'avenue Montaigne, dont la rue François Ier adopte le niveau à son point de départ, tout le quartier traversé par cette rue est, répétons-le, dans le sous-sol du Paris moderne créé par la préfecture de la Seine. Comment équilibrer ces deux niveaux si différents? La logique dit que ce résultat ne peut être obtenu que d'une seule manière : par une pente ménagée de loin, qui rachète la différence existante entre ces terrains élevés et les terrains en contre-bas du quartier Marbeuf; et quelque abaissement qu'il soit possible de ménager dans les terrains supérieurs, ces terrains ne peuvent en aucun cas se rattacher aux terrains inférieurs sans que ceux-ci subissent des remblais d'autant plus considérables que la rue François Ier se rapprochera du point de raccord. Mais alors, un

Nécessité
du comblement.

pareil remblai nécessite l'expropriation de tout le quartier, et, par suite, son exhaussement ménagé dans les proportions de la pente ascendante donnée à la rue projetée ; car il est impossible, en bonne justice, de combler en passant la rue et le passage Marbeuf : ce serait préjudicier trop gravement aux intérêts de tous les propriétaires riverains.

L'administration
l'avait compris
en 1861.

L'administration de la ville l'avait ainsi compris tout d'abord, et nous avons souvenir d'un article publié dans *le Constitutionnel*, le 20 octobre 1861 où il était dit : « L'avenue et la rue Marbeuf, au bas » de Chaillot, vont être remblayées et nivelées jusqu'à la hauteur d'un » premier étage de maison, pour faciliter le passage de tout un réseau » de rues et de boulevards destiné à former en cet endroit un des plus » beaux quartiers du nouveau Paris. » Et ce qui prouve que *le Constitutionnel* était bien renseigné, comme il a droit de l'être et comme il en a la prétention, c'est que ce remblai de la rue Marbeuf, « à la hauteur d'un premier étage de masion » a été opéré, à l'entrée de cette rue, à partir de l'avenue des Champs-Elysées. Il est évident que lorsqu'une minime portion de la rue Marbeuf fut ainsi comblée sur le côté gauche de son parcours, il entrait dans la pensée de l'administration de généraliser cette opération ; à moins de supposer qu'elle eût pris la burlesque détermination de couper la rue, au moyen d'un mur de soutenement, en deux parties égales, celle-ci haute, celle-là basse, et très basse, à ce point que les habitants des maisons en bordure fussent dans l'obligation de se servir d'échelle pour se rendre chez leurs voisins en face.

On a changé
d'avis.

Mais on a changé d'avis à l'Hôtel de ville, et il se raconte de très curieuses anecdotes sur les motifs de ce changement. Laissons aux chroniqueurs le soin de les recueillir et voyons ce que propose maintenant l'édilité parisienne pour vaincre une difficulté qui paraît insurmontable, dès qu'elle renonce à remblayer et à niveler la rue et l'avenue Marbeuf. L'exploit qu'elle ambitionne d'accomplir veut être contemplé de près et en détail.

Vue pittoresque
du projet
municipal.

Pour l'apprécier à son mérite, il importe que nous allions de nouveau prendre place à l'extrémité des terrains supérieurs. Du haut de ces terrains, on aperçoit la rue et le quartier Marbeuf sous la forme d'un immense fossé dont les talus sont soutenus, sur une largeur d'une vingtaine de mètres, par un fort revêtement perpendiculaire en belle maçonnerie qui a l'air d'attendre quelque chose. C'est l'attache d'un pont destiné à relier ensemble les deux parties de la rue François Ier, interrompues par la différence de niveau du quartier Marbeuf. Certes, passer par-dessus un quartier de Paris pour en joindre deux autres plus privilégiés, peut paraître audacieux et pittoresque au point de vue de l'art. Un ingénieur peut même rêver sur cet abîme un nou-

veau pont de Fribourg ; mais le quartier de la sorte sacrifié est peuplé
d'un nombre de propriétaires et de locataires assez considérable pour
qu'il soit permis de se préoccuper quelque peu de la position très préjudiciable et plus qu'excentrique qui leur est faite. A la vue de ce pont
projeté, impossible surtout de ne pas jeter un regard de commisération
sur le magnifique immeuble qui se trouve situé à quelques mètres à la
gauche de ce pont, du haut duquel les passants donneront aisément une
fraternelle poignée de mains aux locataires du second étage. Quant
aux locataires des étages inférieurs de cet immeuble et des immeubles voisins, tant à droite qu'à gauche, ils auront la satisfaction de voir
passer au-dessus de leur tête les favorisés des régions privilégiées.

Nous aurions encore beaucoup à dire sur la situation préjudiciable
et plus que désagréable qui menace d'être faite aux propriétaires des
immeubles déjà existants dans l'entier périmètre du quartier, con-
damnés à devenir des sous-sols d'autant plus profonds qu'ils se trou-
vent plus proches voisins de la partie de l'avenue Marbeuf que traverse la rue François Ier.

Il faut savoir se borner, et afin de mieux apprécier l'intelligente direction et l'ingénieuse disposition de cette rue, occupons-nous des
heureux possesseurs des terrains bâtis ou non qui sont situés en bordure le long de son parcours de 470 mètres sur 20 mètres de large.

Traçons d'abord le tableau de la plus enviable situation qui puisse
être faite à un de ses riverains, et choisissons, en conséquence, l'une
de ses encoignures avec l'avenue Marbeuf, juste au point où la rue
François Ier se propose d'enjamber de l'une à l'autre de ses rives, au
moyen du pont si spirituellement inventé.

La rue François Ier est une large voie qui permet aux constructeurs
d'élever leurs bâtiments à la plus grande élévation, c'est-à-dire a
20 mètres. L'avenue Marbeuf est, au contraire, une de ces voies
étroites de 7 mètres, qui interdisent une élévation de plus de 12
mètres. Les 20 mètres permis sur la rue François Ier se traduiraient
donc infailliblement par 24 m. 57 c. sur l'avenue Marbeuf, qui n'en
peut supporter plus de 12.

Nous voici donc forcé de revenir à la hauteur réglementaire de
douze mètres sur la rue Marbeuf, la voierie ne pouvant en tolérer
d'autre : — elle se traduira non moins inévitablement par une superbe
façade s'élevant à sept mètres quarante-trois centimètres sur l'avenue
François Ier, qui est large de vingt mètres ; soit : un magnifique rez-
de-chaussée, avec un sous-sol et une terrasse à l'italienne pour toi-
ture. Certes, dans les pays sujets aux tremblements de terre, ce genre
de construction est assez apprécié ; mais le terrain y est moins cher
qu'à Paris, et dans ces conditions un hectare suffirait tout au plus à
M. Pereire pour bâtir un hôtel avec les accessoires de services que

comporte sa nombreuse famille, ainsi que la position qu'il occupe dans le monde.

De plus, nous ne pouvons passer sous silence le dommage résultant pour le propriétaire de l'obligation où il se trouvera forcément d'avoir deux concierges, l'un sur la rue Marbeuf, l'autre sur la rue François Ier, le coin de la rue étant impossible à tourner pour aller d'une rue à l'autre. Ajoutons que si la maison a sur la rue François Ier toute la hauteur permise par la largeur de la rue, cette même maison aura 24 mètres 57 centimètres d'élévation sur la rue Marbeuf, large seulement de 7 mètres. Heureux habitants du rez-de-chaussée! Espérons que M. le préfet de la Seine, dans sa sollicitude pour la santé de ses administrés, fera certainement tout pour éviter d'en placer une partie quelconque dans de pareilles conditions hygiéniques, contre lesquelles protesterait d'ailleurs, sans aucun doute, la commission de salubrité.

Nous voudrions cependant bien contenter tout le monde et M. le préfet de la Seine. Essayons. Ne pourrait-on pas, par exemple, pour l'encoignure dont nous nous occupons, ainsi que pour les autres, sur le parcours de la rue François Ier, élargir les ponts qui franchissent les rues basses, de façon à permettre aux propriétaires l'accès de plain-pied sur les deux façades de leurs maisons. Cette opération serait d'une exécution facile; il suffirait d'élargir ou plutôt d'allonger le pont sur l'avenue Marbeuf de toute l'étendue de la façade en retour sur cette avenue. Alors, deux concierges deviendraient inutiles dans ces maisons de coin; un seul suffirait, et les locataires des régions basses allumeraient chez l'unique concierge leurs bougies pour descendre chez eux. Il est vrai qu'il serait peut-être difficile de refuser la même faveur au voisin immédiat, ce qui amènerait logiquement à prolonger le tablier du pont jusqu'aux Champs-Élysées.

Resterait à éclairer la partie basse des immeubles qui se trouveraient ainsi *pontés*, — si nous pouvons employer cette expression, — et nous croyons qu'il serait facile d'y pourvoir, en mettant en usage le moyen qui a été si judicieusement employé pour le passage du canal Saint-Martin, sous le nouveau boulevard; des prises d'air et de jour, artistement ménagées, satisferaient amplement aux besoins de la population des sous-sols.

Si cet expédient est reconnu impossible, impraticable, nécessité sera d'en chercher un autre et d'en venir à une transaction. Ce mot sera peut-être malsonnant aux oreilles de M. le préfet de la Seine, qui tient fort, paraît-il, à ne transiger en rien ni sur rien. Nous le maintenons néanmoins, les règlements pouvant, aussi difficilement que la raison elle-même, classer régulièrement les terrains en encoignure sur les deux rues dont il est ici question. Il n'y aura, en effet, aucune communication entre ces deux rues, non plus que de parallèle possible, leur plan d'intersection n'étant pas sur le même plan, mais bien à quatre mètres cinquante-sept centimètres en dessous et au-dessus de leur sol réciproque.

La transaction désirée n'est d'ailleurs pas aussi difficile à trouver qu'on pourrait peut-être le supposer. Avec son aide, nous allons tâcher de remédier à la différence de niveau et de concilier les choses du mieux possible. On sait que les règlements de voirie autorisent les voies à grande élévation à conserver cette élévation en retour sur la petite voie de toute la profondeur du corps de bâtiment en façade. Il semble, par suite, que la rue François Ier étant d'une plus grande valeur que l'avenue ou ruelle Marbeuf, le propriétaire qui voudra construire, raisonnant d'après cette hypothèse qui ne peut être que fondée, sera tout naturellement amené à placer la façade principale de son hôtel sur cette artère importante. Rien ne s'y oppose ; il lui sera même loisible de rêver un portique de sept mètres de voûte, pourvu qu'il renonce à faire rouler dessous la moindre voiture, et voici pourquoi :

Après le passage de la porte cochère, en général, il existe une cour où les voitures viennent tourner pour ressortir ensuite ; en général encore, cette cour est placée au rez-de-chaussée pour la commodité des chevaux et la sécurité des voitures. Malheureusement, le rez-de-chaussée du bâtiment en façade sur la rue François Ier n'existera pas de l'autre côté de la façade ; il faudra en aller chercher un à 4 mètres 57 centimètres sur le sol de la ruelle Marbeuf, renoncer par conséquent au fameux portique devenu complétement inutile rue François Ier, se contenter d'une simple baie pour les piétons, et faire descendre avenue Marbeuf une vulgaire porte-cochère qui permettra de tourner dans une cour aussi vaste que l'on voudra pour arriver commodément, par un escalier plus ou moins long, au rez-de-chaussée de la rue François Ier, et de là monter aux appartements... au-dessus de l'entresol.

Sans regarder à la dépense, et prenant un parti héroïque, le propriétaire préférera-t-il, coûte que coûte, remblayer sa cour, et, à l'aide de fondations plus basses, de murs de soutenements, de contre-murs, etc., etc., se placer au niveau du sol le plus élevé? Quelle sera sa situation sur l'avenue Marbeuf? Dans le premier cas, il pouvait s'élever à 12 mètres ; maintenant il ne pourra plus avoir que des constructions de 7 mètres 43 centimètres au-dessus du sol de sa cour. Par compensation, l'approvisionnement de la cave pourra se faire de plain-pied, par l'avenue Marbeuf, et il pourra encore profiter de cette disposition du sol pour écouler par cette ruelle toutes les immondices de la maison de la rue François Ier. Peut-être trouverions-nous encore, en cherchant bien, quelques autres compensations ; mais, somme toute, nous ne nous chargerions pas de compter avec la bourse de cet heureux privilégié.

Le règlement, parfaitement clair, quand aux bâtiments en aile sur l'avenue Marbeuf, ne leur permet qu'une élévation de 12 mètres; mais ce règlement reste muet quant aux bâtiments, — au singulier comme au pluriel, — parallèles à la façade de la rue François Ier. Prendront-ils le niveau de 20 mètres sur cette rue et de 24 mètres 57 centimètres sur l'avenue Marbeuf, ou de 12 mètres sur cette avenue et de 7 mètres 43 centimètres sur la rue François Ier, avec les déductions multiples et variées qu'entraînent ces diverses combinaisons? Les fumistes seuls, croyons-nous, sont appelés à bénéficier sans conteste de cette position faite au quartier. Le rideau de 24 mètres 57 centimètres que la rue François Ier projettera sans nul doute sur les immeubles dominés par lui fera la joie de ces industriels et le désespoir des habitants, sans cesse obligés de recourir à leur office pour dissiper les nuages de fumée qui leur intercepteront la vue et leur piqueront les yeux. La mitoyenneté, sur ces immenses murs de 24 mètres 57 centimètres, ne pourra qu'exercer la verve et porter l'industrie du fumiste à un degré d'élévation inconnu jusqu'ici. Que d'ingénieuses inventions à trouver pour faire ramper, sans encombre, ces longs tuyaux jusqu'à la hauteur réglementaire, hors des yeux et des narines des locataires du sixième étage de la nouvelle rue !

IV

Du mode d'exécution

Les proverbes, depuis longtemps on le dit, sont la sagesse des nations. Citons-en un, et il sera d'autant mieux à sa place ici qu'il semble avoir été inventé exprès pour M. le préfet de la Seine : *ad usum prefecti :* « Paris n'a pas été bâti en un jour. »

Cependant, malgré ce proverbe si vrai, l'administration de la ville prétend démolir et rebâtir la cité reine, sans compter avec le temps et les obstacles.

Nous ne comprenons que trop cet enivrement de création. Ne voit-on pas le peintre enthousiaste caresser du regard la toile où son intelligence fait éclore les lacs, les montagnes et les ravins ?

Allez donc dire à l'artiste, quand sa cervelle bout, que d'autres soins le réclament; qu'il lui faut ralentir, ajourner l'éclosion de son œuvre? Il vous répondra... ou plutôt, comme M. le préfet de la Seine, il ne vous répondra pas et reprendra ses pinceaux.

Créez préfet de la Seine l'homme le plus riche et le plus dégagé des nécessités de la vie ; donnez-lui la passion qui semble s'être emparée de nos édiles, et tenez pour certain que cet homme subira l'entraînement de son œuvre, sans qu'il y ai   dans une aussi gigantesque création, d'aut   profits à c   er que celui de la gloire.

Quelle est la baguette de fée possédant   ussi magique pouvoir ? A peine le regard préfectoral s'est-il abaissé sur le rachitique bois de Boulogne, que ce bois est transformé en un des plus délicieux parcs de l'univers ; à peine s'est-il arrêté sur un quartier boueux, laid, incommode, mal bâti, mal percé, que ce quartier devient splendide. Et l'on voudrait crier à cet homme : Halte ! sous prétexte que ces magnifiques transformations peuvent entraîner des inconvénients ! et l'on pense que cet homme s'arrêterait ! Allons donc ! Pour l'arrêter, il faudrait une machine plus puissante que la force qui l'entraîne.

On se la procurerait sans doute, cette puissante machine, et M. Léon Say, dans un article publié dans le *Journal des Débats*, sur le budget de la ville de Paris, indique où il faudrait s'adresser pour la trouver. Nous demandons la permission de citer les dernières lignes de cet article :

« M. Devinck établit, dans la conclusion de son rapport, que les » excédants libres des ressources sur les dépenses ont été employés au » profit du public, de la ville et de l'État ; mais cet excédant existe-il » bien autrement que dans votre imagination ? Il existe, c'est vrai, mais » à condition de faire la dotation du budget extraordinaire, et ce budget » extraordinaire est la chose du monde la plus ordinaire, puisqu'il faut » le voter tous les ans. Un excédant n'est un excédant véritable à nos » yeux que quand on peut en faire cadeau au public par dégrève» ment, et cela est si peu le cas, qu'il n'est venu à la pensée de per» sonne d'alléger les impôts ; quand nous disons de personne, enten» dons-nous : peut-être qu'il existe de ces gens-là ; mais, pour les » découvrir, il faudrait le flair des électeurs ; c'est pourquoi j'ajour» ne mon jugement définitif sur les excédants de la ville au jour où » nous aurons un conseil municipal élu. »

Non-seulement nous pensons, avec M. Say, que le conseil élu aurait une sérieuse efficacité pour donner aux excédants leur signification logique et grammaticale, en faisant qu'ils excèdent réellement les dépenses ; mais encore que là pourrait se trouver cette puissante machine, seule capable de modérer l'entraînement créateur que nous venons de signaler.

Quand les excédants n'excèdent pas assez, ou assez vite, le besoin d'un relai se fait sentir. Alors, pour éviter tout temps d'arrêt dans la chasse aux merveilles dont on veut, à tout prix, doter le Paris moderne, on met une compagnie sur la voie, et la chasse recommence de plus belle.

Intervention des Compagnies immobilières.

Nous ne demandons pas si la délégation des droits de la ville de Paris à une compagnie, pour le percement de telle ou telle voie, est légale, puisque la chose se pratique publiquement et par-devant notaire, mais nous demanderons si cette délégation est juste et morale.

Est-elle juste et morale?

L'administration municipale ne doit pas, croyons-nous, se faire spéculatrice, même dans l'intérêt collectif qu'elle représente. Si elle a besoin d'argent pour les grands travaux que l'intérêt public lui commande d'exécuter, elle ne peut le demander qu'à l'impôt. Il ne serait, en effet, ni juste, ni digne, ni honnête, ni légal même peut-être, qu'elle demandât à la spéculation les ressources nécessaires à la transformation de Paris, ne fût-ce que parce que la spéculation implique nécessairement des chances de perte et de gain. Une paternelle administration ne saurait se réjouir ni se vanter d'un gain prélevé sur quelques-uns de ses administrés, ce gain dût-il même entièrement être fait au seul profit, du reste, de la majorité. Et, d'un autre côté, une bonne administration de mineurs ne doit, dans aucun cas, s'exposer à la responsabilité d'une perte qui viendrait frapper son pupille, c'est-à-dire la masse.

L'idéal d'une administration municipale n'est pas précisément une maison de commerce.

Admettons donc que l'administration municipale de Paris est économe, paternelle, prudente, et conservons cette opinion, malgré la conclusion de l'article de M. Léon Say dont nous nous sommes déjà autorisé, conclusion très puritaine, qui aurait peut-être fortement ébranlé notre conviction, si nous n'avions pas éprouvé le besoin de la conserver intacte.

« En lisant ce mémoire si habilement présenté, si clairement or-
» donné, dit M. Say, il nous est venu à la pensée une comparaison que
» voici :

» Paris est comme une immense entreprise commerciale qui produit
» l'air, l'eau et la joie des habitants, qui les promène dans d'admira-
» bles jardins, qui les loge dans de superbes palais, qui les mène
» au spectacle et qui, c'est bien quelque chose, les ramène avec
» sécurité.

» Nous n'avons pas d'étrangleurs et nous ne portons pas ces colliers
» à pointes de fer qu'on se mettait au cou, à Londres, au coucher du
» soleil, l'hiver passé, pour se défendre de l'étreinte des assas-
» sins.

» L'entrée est libre, il est vrai, mais on paye en consommation, et
» très cher.

» L'établissement fait des affaires d'or; les bénéfices augmentent
» tous les ans; ils s'appellent des excédants.

» Aussi le capital d'exploitation s'accroît; mais c'est au moyen
» d'obligations dont les frais sont couverts par les consommations des
» nouveaux abonnés.

» On commandite une maison de banque, une société immobilière,
» c'est la caisse des travaux publics.

» Cette société immobilière fait de brillantes affaires; elle a sa signa-
» ture en circulation, elle a de bons titres immobiliers en portefeuille.
» Il est vrai que son bilan n'est pas publié aussi souvent que ce-
» lui de la Banque de France; mais on a confiance : le chef de
» l'établissement principal surveille la commandite, et il s'y en-
» tend.

» Partout de l'ordre, de la régularité, de l'exactitude.

» Néanmoins, notre esprit n'est pas satisfait. L'idéal d'une commune
» n'est pas pour nous une maison de commerce qui gère bien ses af-
» faires; nous nous intéressons plus aux Parisiens qu'à l'être moral
» qu'on appelle Paris. Si nous constatons un excédant dans le budget,
» au lieu de penser aux combinaisons de crédit qu'on peut fonder sur
» son existence, nous pensons aux exonérations d'impôts qui pourraient
» le faire disparaître. Nous n'aimons pas les excédants de recettes
» dans le budget de la ville, parce que ce sont des excédants de
» dépenses dans notre budget particulier.

» C'est un point de vue peut-être étroit, mais c'était un peu le point
» de vue de ceux qui élisaient les conseillers municipaux autrefois. Mal-
» gré les inconvénients qu'il peut présenter quelquefois dans le prati-
» que, nous nous y rallions franchement, et nous continuerons à appe-
» ler de nos vœux l'intervention des Parisiens dans l'administration
» de leurs affaires. »

Tout cela est très juste et fort bien dit, répétons-le ; toutefois, nous
avons besoin de nous persuader que l'administration ne spécule pas, et
par le temps qui court, qui donc se priverait d'une conviction dont il
déclare avoir besoin?

Voici cependant qu'une compagnie de spéculateurs se présente pour
exécuter, au lieu et place de la ville, le percement des boulevards.
Elle est par conséquent chargée d'exproprier les terrains nécessaires
et de payer les indemnités allouées aux propriétaires des immeubles
détruits et occupés par les voies décrétées. Or, la compagnie n'aspire
point à des couronnes civiques ; ceux qui la composent ne demandent
pas qu'on leur élève des statues. Ils les accepteraient peut-être, mais
évidemment par-dessus le marché, et le marché seul leur tient au
cœur : ils ont raison, puisque c'est à forfait et à leurs risques et périls
qu'ils ont entrepris ces travaux.

Comment
procèdent
les Compagnies
immobilières.

La ville ne spécule pas, nous ne saurions trop le rappeler ; pourtant,
dans cette occasion, on ne peut le nier, elle livre les expropriés à des
spéculateurs qui doivent, — s'ils le peuvent, — traiter à l'amiable
avec ces expropriés ou les amener devant le jury, et cela dans les
meilleures conditions possibles pour la réussite de la spéculation. Si la

Elles spéculent
dans leur
propre intérêt,
et non dans
l'intérêt général
de la ville.

ville pouvait spéculer, spéculât-elle même au détriment des expropriés, ceux-ci bénéficieraient indirectement d'une fraction des bénéfices prélevés sur eux par l'administration, puisqu'ils profiteraient à la totalité des habitants de Paris, dont ils font partie. Ils ne seraient donc pas entièrement... expropriés.

Quant à la compagnie, tous les bénéfices qu'elle réalisera, elle les gardera et fera bien : c'est le marché qu'elle a conclu.

Que les honorables spéculateurs qui l'ont formée représentent ce qu'ils voudront; leur intérêt n'en est pas moins un intérêt particulier. Ils font un boulevard, deux boulevards même, mais ils les font à leur profit personnel, et n'admettent la généralité de leurs concitoyens à en bénéficier que tout juste dans la limite du cahier des charges. Ceux-ci ont des terrains, ils ont même des maisons qu'ils leur enlèvent de par la loi, et au moment de régler avec les taillables que leur a livrés l'idélité parisienne, ils ne manqueront pas de faire sonner bien haut la plus-value que les boulevards, dont ils ont l'entreprise, apportent aux propriétés dont ils respecteront les rognures.

Admettons, dans des proportions aussi larges que possible, cet accroissement de valeur général de tous les immeubles et terrains, comme particulier aux terrains et aux immeubles qui seront atteints par l'expropriation ; en revanche, nous ferons observer que la compagnie expropriante possède, par cession de la ville, en bordure sur les voies décrétées, la majeure partie des terrains formant le parcours de ces voies, et que sans avoir été expropriée de la plus faible parcelle de terrain ou d'immeuble, elle profitera de cet accroissement de valeur. Sans doute le jury, la loi à la main, lors du règlement de l'indemnité, tiendra compte *aux expropriés* de la plus-value que doit recueillir la compagnie sur cette immense portion de terrain, plus-value, sans contestation possible, *immédiate* et *spéciale* à cette compagnie, puisqu'elle est l'essence même de sa spéculation.

Qu'on ne vienne pas nous dire : « La compagnie cède gratuitement le terrain à la voie publique. » La ville de Paris, en effet, n'a pu lui vendre, et, de son côté, la compagnie n'a pu acheter à la ville un terrain déclaré, avant le marché intervenu entre elles, domaine public par le décret même qui ordonne le percement ; la compagnie n'a donc jamais possédé les terrains formant la voie; elle n'a donc pu ni en être expropriée, ni en faire généreusement don à qui que ce soit.

Elle a acheté de l'édilité parisienne, le moins cher possible, les terrains en bordure qui seront mis en valeur par le percement, et elle ne les aurait pas achetés, si le bénéfice à recueillir sur ces terrains ne lui eût paru certain et considérable, comme il nous le paraît à nous-même.

Lorsque la ville de Paris fit, à l'amiable, l'acquisition des terrains ou d'une partie des terrains exigés par les voies nouvelles qui traverseront le quartier Marbeuf, elle fit acte de bonne administration, profitable à elle-même et à tous ses administrés, puisqu'elle paya ces terrains moins cher qu'ils ne valent aujourd'hui et surtout qu'ils ne vaudront demain. Ceux qui les lui ont vendus n'auraient aucun droit de se plaindre, puisque, évidemment, ils ont, avant de céder à l'amiable leur propriété, consulté leur intérêt et convenance; mais ceux auxquels ont vient demander aujourd'hui, de force et de par la loi, les terrains qu'ils possèdent, sont dans toute autre condition, et dans des conditions de défense bien plus favorables pour eux encore, puisque l'un des résultats du percement décrété est d'enrichir une compagnie qui n'exécute le percement qu'en vue des bénéfices qu'elle espère réaliser.

La loi n'exige cependant la cession des propriétés qu'au nom de l'intérêt public; l'intérêt parasite d'une compagnie est donc de trop, alors même qu'elle ne coterait pas son concours à trop haut prix, comme c'est ici le cas. *Les Compagnies cotent leur concours à la ville à très haut prix.*

En veut-on la preuve? l'arithmétique peut la fournir. L'arithmétique est sans doute brutale de sa nature, et nous tenons à ne pas l'être; aussi éviterons-nous de notre mieux le défaut inhérent aux chiffres, et nous en alignerons le moins possible, ce qui sera nécessaire seulement pour être suffisamment compris, laissant à la compagnie le soin de nous les fournir... exacts, si elle le juge convenable. En un mot, nous allumerons l'allumette, en priant la compagnie d'apporter la bougie. En supposant qu'elle s'y refusât, l'allumette suffira d'ailleurs pour y voir clair, et puis nous en avons une boîte tout entière.

Du reste, si nous renoncions jusqu'à un certain point à l'arithmétique, l'algèbre nous viendra en aide : tous les chiffres se nient plus ou moins, mais les proportions des quantités entre elles ne peuvent être niées. *Quels seront les bénéfices de la Compagnie du boulevard de l'Alma.*

Le plan de l'enquête, avec ses diverses teintes et les notions telles que nous avons pu les recueillir, indique que la ville, ou plutôt la compagnie possède, tant sur le boulevard de l'Alma qu'aux alentours, une superficie de 60,000 mètres environ. Sur les 30,000 mètres de la surface totale nécessaire à cette voie publique, la compagnie est obligée de fournir environ 18,000 mètres. Il lui restera donc 42,000 mètres, plus une subvention que nous évaluons au minimum à 6,000,000 pour acquérir les 12,000 mètres à fournir en sus; et nous savons de science certaine qu'il y a six ans, en vue des expropriations futures, on a traité au prix de 30 francs le mètre, payables au jour où se réaliserait l'expropriation. *Proportions algébriques.*

Les terrains assez considérables qui furent ainsi acquis sont situés à peu près vers la moitié du parcours de l'avenue des Champs-Elysées au pont de l'Alma. Ils valaient sans doute une somme moindre à cette époque, puisqu'ils étaient vendus *fin expropriation*, et cet aléa était de nature à peser sur la spéculation.

Nous ne voulons être rigoureux dans aucun calcul : nous ne dirons pas au lecteur, par conséquent : « Prenez votre crayon, voilà la moyenne du prix d'acquisition des 60,000 mètres de terrain de la compagnie; calculez maintenant d'après la valeur actuelle; » mais seulement : « Pesez ce chiffre et ajoutez-y ce que vous jugerez convenable, afin de le rendre aussi lourd que possible. »

Quels que soient vos efforts pour établir l'équilibre, si vous jetez dans l'autre plateau de la balance les six millions de la subvention, le prix actuel des terrains et leur prix à l'achèvement des travaux, il vous sera impossible d'empêcher le fléau de prendre la position perpendiculaire du côté des six millions, ainsi que des prix actuels et futurs. Nous avons fait des calculs sur ces données, modifiés à l'infini, et nous nous sommes toujours arrêté devant l'énormité des résultats en faveur de la compagnie.

Prix
des terrains.

Nous avons exagéré à dessein le prix de l'indemnité à payer aux quelques expropriés qui sont encore à désintéresser, soit à l'amiable, soit par le jury; nos calculs les plus exagérés en leur faveur arrondissaient encore et toujours le chiffre des bénéfices de la compagnie : car nous trouvions, en fin de compte, qu'en augmentant la moyenne du prix des terrains à acquérir, nous augmentions dans la même proportion celle des terrains, bien supérieurs en étendue, que possédera la compagnie après la voie construite.

Si le jury décide, par exemple, que les terrains à exproprier valent en moyenne 100 francs le mètre, il décide par le fait que ceux de la compagnie auront la même valeur.

De plus les travaux de la voie ne pèsent sur la compagnie qu'à titre d'avances, puisque les riverains sont tenus de les rembourser sur toute la longueur de leurs façades.

Les terrains seront, en effet, vendus avec la condition d'y construire des immeubles, ou ils seront utilisés dans ce but par la compagnie elle-même, et nulle doute qu'elle ne trouve une nouvelle somme de bénéfices, dans l'une comme dans l'autre éventualité. Si d'autres construisent, aucuns frais ne tombent à sa charge, c'est évident; si c'est elle qui construit, à qui persuadera-t-on qu'en revendant les maisons édifiées par elles, elle n'aura pas le soin de rentrer dans les frais de viabilité inhérents à chacun de ces immeubles.

Si ce vague quasi algébrique déplaît à la compagnie, qu'elle donne ses chiffres; nous les contrôlerons, et nous prenons de nouveau l'engagement — qu'à notre défaut tout lecteur intelligent trouverait facile à tenir — de démontrer qu'il sera plus que rond le total constituant le bénéfice de l'opération en vue de laquelle la compagnie s'est constituée. Les spéculateurs qui en font partie ont eu certes parfaitement raison de ne traiter avec la ville qu'après avoir acquis la certitude de trouver dans cette opération ce qui constitue une bonne affaire, en un mot, une affaire rapportant des millions. Mais la ville a-t-elle eu également raison d'accepter l'offre de la compagnie ? C'est ce dont nous nous permettons de douter. Elle a livré les expropriés à une compagnie dont les intérêts sont plus que divergents de leurs intérêts, qui leur sont même hostiles au dernier point, puisque toute somme qui leur sera allouée, à titre d'indemnité, sortira de la caisse de la compagnie et diminuera d'autant ses bénéfices. En traitant de la sorte, l'administration de la ville a-t-elle agi comme une administration bienveillante et paternelle ? Nous faisons encore plus qu'en douter.

L'administration municipale ne devrait jamais livrer les expropriés à une Compagnie.

Que la ville de Paris demande à ses administrés, expropriés ou non, des sacrifices plus ou moins pesants, nous le concevons, puisque c'est au nom de tous qu'elle parle, et les expropriés eux-mêmes auraient la bouche close, si, suivant l'expression de M. Say, *le flair des électeurs* avait été mis à contribution pour désigner les contrôleurs des dépenses que nos édiles, — nous en sommes convaincu, du reste, — croient sincèrement être toujours projetées et exécutées pour le plus grand profit et la plus grande gloire de leurs administrés.

A leur défaut, nous en sommes réduit à invoquer certaine sauvegarde à laquelle fait allusion un proverbe berlinois fort célèbre. Ce proverbe aura peut-être pour effet de rassurer, quelque peu, les expropriés contre l'aggravation de charges et de dommages dont les menace l'intermédiaire d'une compagnie qui, forcément, ne peut que poursuivre le triomphe de son intérêt personnel, au détriment des intérêts publics ou des intérêts privés qu'elle trouvera sur son chemin, et en bonne logique, on ne saurait l'en blâmer. Nous leur dirons donc « Ayez confiance, s'il y a des juges à Berlin, les jurés décident à Paris » et croyez en eux. »

Appel au jury d'expropriation.

Paris. — Imprimerie de Dubuisson et Cᵉ, rue Coq-Héron, 5.